AF243103

LETTRE AU ROI DE PRUSSE

GUILLAUME Ier

ET A SON FILS, LE PRINCE FRÉDÉRICK

SUR LES CONDITIONS DE LA PAIX.

LETTRE

AU

ROI DE PRUSSE

GUILLAUME Ier

ET A SON FILS, LE PRINCE FRÉDÉRICK

Sur les Conditions de la Paix

PAR L'AUTEUR DE L'APPEL DE LA FRANCE A L'ANGLETERRE
ET DE LA LETTRE AU COMTE DE BISMARK.

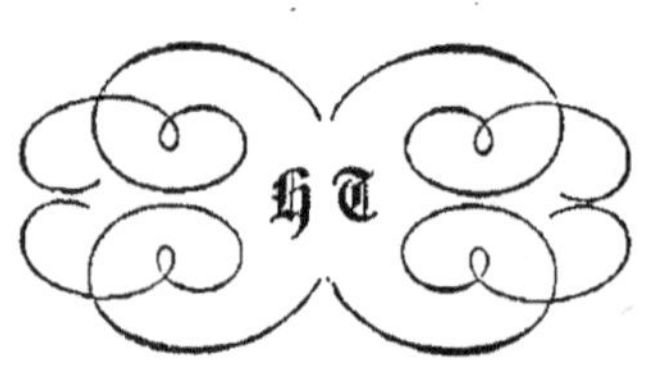

AVRANCHES

Chez Mme H^{ri} TRIBOUILLARD,
Imprimeur-Editeur.

Chez M. Auguste ANFRAY,
Libraire.

1871.

Puisse donc le Ciel, qui dirige nos pensées et nos sentiments, me suggérer des arguments persuasifs qui fassent
pencher la balance en faveur de la miséricorde et de la
générosité ! Sans la protection et l'appui d'en Haut, nous ne
pouvons *rien*, et les paroles les plus éloquentes ressemblent à
des sons vagues, sans nulle harmonie, sans nulle influence, sans
signification en un mot ; ce ne sont que des cymbales reten-
tissantes, frappant les airs, mais ne pénétrant pas les cœurs.

J'ai déjà eu l'honneur, Sire, d'écrire au fidèle Ministre de
Votre Majesté, le comte de Bismark, au sujet de la Paix, qui
est maintenant l'objet des désirs de la France, on pourrait
ajouter de l'Europe entière.

En lui parlant de cette grave et importante question, je
n'ai pu retenir, je l'avoue, quelques railleries piquantes, sur
la bizarre, *injuste* et absurde coutume de faire peser sur les
vaincus de si énormes réquisitions, et sur les dures Lois du
Code de la Guerre, inflexible pour ceux que trahit la fortune.

Si je me suis servi d'un langage ironique en lui parlant, je
m'interdis cette licence, en m'adressant à Votre Majesté ; car
je n'ignore pas que, pour parler aux rois qui doivent repré-
senter la Divinité sur la terre, il faut emprunter un langage
plus noble et plus digne, en harmonie avec la haute dignité
dont Dieu les a investis : « *Rendez à César ce qui est à César, et
à Dieu ce qui est à Dieu.* »

Souffrez donc, Sire, que je vous soumette quelques ré-
flexions avec cette respectueuse liberté que m'inspire l'amour
profond et filial que j'ai voué, jusqu'à mon dernier soupir, à
ma chère et infortunée patrie.

Peut-être, hélas ! qu'en ce moment (22 février) les conditions sont arrêtées et que tout est réglé ; mais, Sire, vous pouvez *toujours*, par un seul acte de votre volonté, les modifier, les adoucir et mériter la reconnaissance de la France par votre clémence et votre magnanimité.

Je me demande avec anxiété : Quelles conditions la Prusse va-t-elle nous poser, et seront-elles dictées par la modération, la justice, la religion et la prudence ?

Je ne puis détourner ma pensée de cette préoccupation permanente qui me poursuit jusque dans mes rêves.

Nos négociateurs, vers lesquels tous les regards de la France et de l'Europe sont tournés, vont-ils obtenir cette paix honorable, solide, durable, qui intéresse à un si haut degré, le repos futur de nos deux nations, et, par contre-coup, celui des autres Etats de l'ancien continent ?

Pouvons-nous espérer, Sire, que votre cœur se laissera toucher et que ces sentiments religieux, qui ont tant d'empire sur les âmes, vous conseilleront de traiter la France avec équité et suivant les lois immuables de la justice, de la douceur et de la religion ?

On n'oserait concevoir une semblable espérance, si l'on ne savait qu'on s'adresse à un Souverain profondément religieux, pénétré de la morale évangélique et des maximes miséricordieuses qu'elle prescrit.

Si je parlais à un farouche conquérant comme Attila, Alaric, Bajazet, Tamerlan, je ne saurais quel langage employer ni quelles cordes faire vibrer dans ces cœurs farouches et cruels ; mais c'est à un monarque éclairé des lumières de la foi et docile aux enseignements qui en émanent. Que ne doit-on pas attendre d'un Souverain qui pratique les devoirs sacrés que le Christianisme lui impose? *Christianisme oblige :* celui qui est revêtu du caractère sacré que confère cette religion sublime a de plus grands devoirs à remplir, puisqu'il est éclairé des lumières de la foi et dirigé par son flambeau céleste.

L'histoire réserve à Votre Majesté une glorieuse, une sublime mission, celle de pacifier, pour longtemps, l'Europe et peut-être le monde entier. Combien ce rôle de *Pacificateur* est noble et élevé, et qui ne serait jaloux d'exercer ce privilége royal !...

Je réitère donc la prière que j'ai déjà eu l'honneur de faire en commençant cette supplique. Au nom de ce Dieu Tout-Puissant; au nom de la Très-Sainte Trinité et de Celui au nom duquel tout genou fléchit au ciel, sur la Terre et dans les Enfers, et qui vous a revêtu d'une si grande puissance; au nom de cette religion sainte que vous respectez; au nom de votre fils bien-aimé, auquel vous ne devez pas donner l'exemple pernicieux de l'injustice et de la cupidité; aux noms sacrés de la *Justice* et du Droit, ne perpétuez pas, en dictant des conditions trop dures, une guerre d'extermination entre nos deux peuples.

Que Votre Majesté respecte l'intégrité de notre territoire et nous rende notre chère et belle France telle qu'elle était avant cette guerre désastreuse et fatale qui a fait couler des flots de sang.

Daignez considérer, Sire, que si vous entamez le territoire

français, si vous vous obstinez à réclamer nos forteresses de l'Est ou si vous nous imposez seulement une trop forte contribution de guerre, vous perpétuez entre nos deux nations un levain de haine implacable et des rancunes vivaces, acharnées ; et soyez certain que vous léguez à vos descendants un fatal et sanglant héritage de malédictions, de discordes, toujours renaissantes.

Ah ! Sire, loin de perpétuer parmi nous le souvenir funeste de cette guerre lamentable, ne doit-on pas, au contraire, s'efforcer d'en effacer les traces ? Que notre reconciliation soit scellée, affermie, cimentée par un traité, dicté par la bonne foi, la sincérité, la justice et la religion, gardienne incorruptible des traités internationaux et des transactions civiles et sociales.

Ah ! Sire, de grâce, laissez-nous conserver la douce et consolante espérance que votre justice et votre loyauté, vous feront renoncer à nos chères provinces ; vous nous les laisserez, j'en suis certain, dans l'intérêt de votre propre gloire.

Est-il donc si glorieux de régner sur des esclaves et d'inspirer la terreur et peut-être la *haine* ?

Non, sans doute ; mais il est beau, il est grand de régner sur des hommes libres qui vous obéissent de leur propre volonté (comme l'Alsace et la Lorraine à la France) et qui sont attachés à leurs Souverains par les liens indissolubles de la reconnaissance et de l'amour : Et quel plus beau, quel plus magnifique titre peut-on donner à un roi que celui de *Père du Peuple* qui a été décerné à notre roi Louis XII ? Qui peut lire sans en être touché le récit des démonstrations et de la joie naïve que manifestaient les laboureurs à son approche. ? Ils faisaient retentir les airs de joyeuses acclamations et demandaient à Dieu de prolonger ses jours. Ils accouraient sur les grands chemins pour se rassasier de sa vue, et un bon vieux laboureur, après l'avoir vu passer, courait, à perdre haleine, pour le revoir encore, ne pouvant, suivant l'antique et familière expression de ce vieillard, se *soûler* de sa vue et se lasser de le contempler.

N'est-ce pas, en effet, les rois les plus sages et les plus prudents qui ont protégé les agriculteurs et les bergers, les hommes les plus utiles d'un Etat , puisqu'ils nourrissent toutes les autres classes de la société, les artisans, les hommes en place, les littérateurs, les savants, les artistes et les ministres (que M. de Bismark daigne s'en ressouvenir), et enfin les *rois* et les *empereurs* eux-mêmes qui mourraient de faim, sur leur trône, malgré la pompe qui les environne, sans les laboureurs et les bergers soutiens de la nation. Que ferait-on sans eux ?

Leur laborieuse et infatigable persévérance qui nourrit l'Europe et éloigne de nous la famine, rappelle ce *brosimum alicastrum*, qui, dans les déserts brûlants de l'Afrique, se couvre toujours d'un feuillage touffu qui se reproduit d'autant plus vite que les rayons du soleil sont plus ardents et rassasie les troupeaux errants dans ces solitudes arides, tandis qu'il ombrage le voyageur qui se repose sous ses épais rameaux.

N'est-ce pas cependant sur les pauvres laboureurs que pèsent le plus les charges de la guerre, puisqu'on les dépouille, qu'on les réquisitionne, qu'on les maltraite, sans pitié, eux qui soutiennent et alimentent les nations ?

Sully, le sage ministre de Henri IV, disait que *Pâturage* et *Labourage* étaient les deux mamelles de la France, et Henri-le-Grand pour honorer un laboureur qui, au milieu des ravages des guerres civiles, était parvenu à cultiver son champ, couvert de riches moissons, lui envoya un épi d'or en le priant de le porter toujours à son chapeau.

Si l'un de nos paysans de l'Alsace et de la Lorraine ou de l'un de nos départements envahis comparaissait devant Votre Majesté, sous les auspices de M. de Bismark, qui lui faciliterait une entrevue avec le *Roi*, et s'il exposait énergiquement ses griefs et ses réclamations, comme autrefois le paysan du Danube au Sénat romain ; s'il venait vous dire, quand vous serez assemblés en conseil :

> Craignez, Prussiens, craignez que le ciel quelque jour
> Ne transporte chez vous les pleurs et la misère ;
> En mettant en nos mains par un juste retour,
> Les armes dont se sert sa vengeance sévère,
> Il ne vous fasse en sa colère
> Nos esclaves à votre tour.
> Et pourquoi sommes-nous les vôtres ? Qu'on me dise
> En quoi vous valez mieux que cent peuples divers ?
> Quel droit vous a rendus maîtres de l'univers ?
> Nous cultivions en paix d'heureux champs, et nos mains
> Etaient propres aux arts ainsi qu'au labourage, etc.

Sans remonter ici, Sire, à l'origine de cette guerre désastreuse pour deux grandes nations et entrer dans de vaines et stériles récriminations sur les motifs assez spécieux qui l'ont déterminée, on peut dire maintenant que la France répudie, rejette *solennellement* le gouvernement qui l'a déclarée et entre dans une voie nouvelle de paix et d'union internationale , que tout doit conspirer à affermir la paix et la concorde entre tous les peuples et réparer les désastres de la guerre.

Espérons fermement que la France et la Prusse, telles que deux frères rivaux, qui se sont trop longtemps livrés de sanglants combats, et se sont outragés, insultés, se réconcilieront dans un étroit et mutuel embrassement et se promettront du fond du cœur et sans arrière-pensée, une fidélité inviolable. Mais il faut, je le répète, pour que cet accord soit solide et à l'abri des revirements trop fréquents, hélas ! dans les événements politiques que la religion et la justice, les deux colonnes inébranlables du temple de l'honneur, ratifient, sanctionnent ce pacte mutuel et viennent poser des remparts sacrés pour prévenir plus tard le débordement des passions mal éteintes et empêcher que quelque tribun ambitieux de signaler son bouillant courage (comme Alcibiade le téméraire et César l'ambitieux) puisse susciter de nouveaux conflits sous le spécieux prétexte de venger d'anciens griefs, qu'il faut à jamais ensevelir dans l'oubli.

C'est ici le moment de rappeler la maxime admirable de l'infortuné Jean II : « Si la bonne foi et la loyauté étaient bannies du reste de la terre, on devrait encore les retrouver dans la bouche et dans le cœur des rois ! »

On aime à supposer que les rois, devant lesquels les timides Esther tombent en défaillance, et qui sont environnés de toute la splendeur du rang suprême, sont les organes et les gardiens de la vérité, de la justice et de l'honneur. La plus belle auréole qui ceigne le front des rois, n'est-elle pas la confiance et l'estime des peuples, qui s'attendent à rencontrer dans celui qui les gouverne quelques pâles reflets des perfections divines.

Jusqu'ici, Sire, vous n'avez qu'à vous louer de la fortune, elle vous traite comme son plus cher favori et semble vous dire ce qu'Auguste dit à Cinna :

Je t'ai comblé de biens, je veux t'en accabler.

Votre Majesté est parvenue au comble de la prospérité ; mais les fils d'Adam exilés sur la terre, doivent se défier des caresses de cette Déesse volage et capricieuse.

Vous connaissez trop bien l'histoire, Sire, pour ignorer que la Roche Tarpéïenne est près du Capitole et que les revers suivent quelquefois de près les triomphes.

Philippe, roi de Macédoine, ayant appris en un jour plusieurs bonnes nouvelles, s'écria : « O Dieu ! envoyez-moi quelque petite disgrâce, afin de compenser les trop grandes faveurs de la fortune. »

Pour nous, au contraire, nous recevions presque chaque jour l'annonce de quelque revers. Les journaux, tels que les quatre messagers de Job, annonçant successivement disgrâces sur disgrâces, apportaient à la France consternée, tantôt la nouvelle désolante d'une ville prise, tantôt la reddition d'une forteresse, etc., etc.

Tout vous favorisait et contribuait à vos succès ; mais, Sire, la victoire et les avantages qui en résultent, doivent frapper de crainte le vainqueur, car souvent c'est le présage de prochaines défaites. Amasis, roi d'Egypte, rompit tout commerce avec Polycrate, tyran de Samos, parce qu'il était trop *favorisé de la fortune*, et, par conséquent, menacé d'une prochaine et éclatante infortune. Ce fut alors que Polycrate, docile à l'avis du roi, son ami, jeta son anneau dans la mer, afin de se procurer du moins une petite disgrâce volontaire. On sait le reste.

Il faudrait peut-être que Votre Majesté jetât un de ses plus beaux anneaux dans la mer pour conjurer les périls qu'une trop grande dose de prospérité accumule sur vos têtes.

Tout couvert de lauriers, craignez encore la foudre.

Le souverain arbitre des rois et des peuples ne vous a-t-il pas revêtu d'un pouvoir immense, d'une grande puissance, et ne jouissez-vous pas, en ce moment solennel, de la plus belle, de la plus noble prérogative que Dieu ait jamais accordée à un mortel? Celle de disposer du sort des peuples qui dépendent de vous. Vous êtes le représentant du roi *des rois* sur la terre, et il vous enjoint de traiter avec douceur et indulgence ceux qui sont soumis à votre empire.

Si, comme je l'espère, Votre Majesté écoute les conseils de la prudence, de la modération, on dirait d'un bout du monde à l'autre : « Le roi Guillaume, clément et magnanime, a inscrit son nom parmi les rois les plus illustres qui aient jamais porté la couronne. Il vient de conclure avec la nation française un traité dont la justice même a dicté les conditions. Il apprend à l'Europe et au monde, comment un roi *chrétien* sait user de ses victoires. Aux noms sacrés de justice, de droit, de religion, il a consenti à signer un traité de paix qui cimentera les nœuds d'une alliance solide et indestructible. »

On dira : « Le roi Guillaume, après avoir été entraîné dans une guerre funeste par un gouvernement que la France répudie, a remporté de grands avantages sur la nation française. Mais il a l'âme trop grande pour se laisser enivrer par ses victoires ; il a écouté les lois de la générosité, de la religion, et n'a point abusé de sa position. Loin de lui la pensée orgueilleuse de tracer un cercle autour de nos plénipotentiaires, en leur ordonnant de répondre *sur-le-champ* à des ordres sévères et à des exigences exorbitantes. La religion adoucit et modère les humiliations des vaincus.

Comme je viens de vous le dire, Sire, vous êtes investi du plus noble, du plus magnifique, du plus éminent privilége, de la plus large part d'autorité qui soit jamais départie à un mortel. A Dieu ne plaise que vous suiviez la politique romaine, surannée aujourd'hui et qui ne convenait qu'à ce peuple *païen*, insatiables de conquêtes et de tributs. Le cercle de Popilius est loin de nos mœurs chrétiennes.

Dans l'intérêt de votre propre gloire, de celle de votre fils bien-aimé, n'abusez pas de votre position pour nous imposer des conditions inacceptables.

Charles-le-Sage, l'un de nos plus grands monarques, n'avait-il pas raison de dire : « Je ne trouve les rois heureux que parce qu'ils ont le pouvoir de faire le *bien*. » Et quel plus grand *bien* un roi peut-il faire à ses alliés, à ses sujets, que de leur accorder la *paix*, ce don du ciel qui surpasse tous les autres par la suavité des fruits qu'elle fait éclore !

La Paix ! dont le doux nom seul fait palpiter de joie et d'espérance tous les cœurs et résonne à nos oreilles comme une harmonie séraphique, qui semble apportée du Ciel sur la terre par un envoyé d'en haut !... Le divin Législateur, dont nous reconnaissons les lois, ne disait-il pas toujours à ses disciples, ravis de l'entendre : « *La Paix soit avec vous,* » quand il paraissait au milieu d'eux ?

Déposons donc, Sire, sur l'autel de la religion et du patriotisme tout sentiment de discorde, de ressentiment, de rancune, d'animosité. Un instinct de vertige et de fureur s'est emparé de deux grandes nations, faites pour s'estimer et se prêter un mutuel concours, dans la grande mission civilisatrice de l'Europe moderne.

Pourquoi éterniser, perpétuer, raviver, entretenir les rancunes, les dissensions, les haines, les jalousies, les animosités ? N'est-ce pas attiser, d'une main imprudente, le feu des passions désordonnées qui fermentent dans le cœur humain ? N'est-ce pas obéir aux suggestions de l'esprit du mal, qui ne se plaît qu'au milieu des ruines qu'accumulent les guerres, et céder aux désirs de quelques jeunes téméraires qui ne désirent voir ouvrir le temple de Janus qu'afin de signaler leur valeur ; inutile pendant la paix.

N'en doutez pas, Sire, les Français, dans un temps plus ou moins éloigné, voudraient prendre leur revanche et iraient à leur tour dévaster, ravager, incendier vos Etats, et d'innombrables phalanges de guerriers inonderaient la Germanie pour laver dans le sang les offenses et les outrages des *vainqueurs d'aujourd'hui* qui peuvent être les *vaincus* de demain.

La clémence et la générosité seules ont le pouvoir par leur

magique puissance d'arrêter les élans fougueux d'une vengeance, tardive peut-être, mais inévitable et terrible.

Parmi nous plus d'un Annibal futur, couvant dans son sein d'adolescent des projets de vengeance qui souriraient à son jeune courage, jurerait à ses parents, à sa patrie humiliée par un vainqueur impitoyable, de venger la France et d'aller à son tour ravager la Prusse et l'Allemagne. C'est ainsi que ce fameux général fit trembler Rome plus d'une fois et ébranla l'Italie sous les pas de ses légions belliqueuses. C'est ainsi que la bataille de Cannes vit l'aigle romaine si souvent victorieuse, abattue devant les bataillons du général carthaginois, qui anéantit des phalanges romaines, guidées par l'inepte et présomptueux Varron.

Votre Majesté connaît trop bien l'histoire pour qu'il soit nécessaire de lui rappeler comment un peuple, fier et jaloux de son honneur et de sa liberté, sait venger les humiliations qu'on lui a fait subir. Ainsi, entre plusieurs exemples que l'histoire nous fournit, citons celui de Pontius, général samnite, qui défit une armée romaine. Il envoya consulter son père, homme sage et prudent, qui lui dit de traiter les Romains avec honneur et de leur accorder une paix avantageuse ou bien de les exterminer tous jusqu'au dernier. Malheureusement pour le général victorieux, il suivit un autre plan et fit passer les Romains, frémissant de rage et de confusion, sous le joug, en les accablant d'injures et de railleries.

Après avoir passé sous ces Fourches Caudines déshonorantes, les Romains, indignés, ne respirèrent plus que pour se venger, et tout le monde sait comment ils y parvinrent.

Et que ne fit pas Mithridate, roi de Pont, pour satisfaire la soif ardente de vengeance qui le consumait ? Ne fit-il pas en un jour égorger tous les Romains qui se trouvaient dans ses Etats : Sanglantes et terribles représailles des ravages tant de fois exercés par les armées romaines.

Et, du temps de Crassus, l'ambitieux, le téméraire triumvir, pourquoi tant de milliers de Romains tombèrent-ils sous les flèches des Parthes, et pourquoi son fils et lui-même périrent-ils d'une mort tragique ?

Pourquoi les ossements des légions de Varus blanchissaient-ils sur les bords du Weser et motivaient-ils le désespoir d'Auguste qui ne devait accuser que lui-même de la perte de ces infortunées victimes de son insatiable ambition ?

Et les Vêpres Siciliennes (les français sont incapables d'une telle trahison, car c'est l'*Italienne* Catherine de Médicis qui commanda la Saint-Barthélemy), n'est-ce pas encore la vengeance, frémissante et terrible, qui se dresse devant eux, leur mettant à la main le poignard qui va massacrer des ennemis odieux ? Un roi de Perse, voulant se venger des Athéniens qui l'avaient offensé, se faisait dire tous les jours par un de ses officiers : « *Seigneur, souvenez-vous des Athéniens.* »

Croyez-le bien, Sire, si les conditions de la paix ne sont pas honorables, nous conserverons toujours, dans notre cœur, un levain de haine, de rancune, qui fermentera de plus en plus, et un génie invisible viendrait murmurer à nos oreilles, à tout moment du jour, et même quelquefois pendant notre sommeil : *Souvenez-vous des Prussiens*, et de l'injustice, des vexations qu'ils ont prodiguées à vos compatriotes !

Dans tous les temps, dans les siècles les plus reculés, comme de nos jours, l'injustice a suscité des massacres et des vengeances implacables. Nous lisons dans l'Ecriture que les fils d'Ephraïm furent tués par les habitants de Geth *parce qu'ils étaient venus ravager* leurs terres. Les frères d'Ephraïm vinrent le consoler. Il pleura pendant plusieurs jours la mort de ses enfants.

Il dépend de vous, Sire, et de vous aussi, Prince, de resserrer les nœuds d'une indissoluble alliance entre nos deux peuples. Si la nation française subit en ce moment les dures lois de la guerre, soyez certain qu'elle ne se résignera jamais à son abaissement, à sa déchéance, et que, tel que l'aigle captif, dans un étroit espace, qui déploie sans cesse ses ailes comme pour prendre son essor vers les sommets élevés des montagnes, ainsi les Français, assujétis, feraient de continuels et douloureux efforts pour échapper au joug pesant, insupportable du vainqueur. De Dunkerque à Perpignan, de Strasbourg à Brest, retentirait bientôt un cri d'affranchissement et de liberté ; car la nation française peut traverser des époques de défaillance passagère, mais nous ne pouvons jamais mourir, Sire, car nous descendons de ces héros intrépides qui ne craignaient *que la chute du Ciel.* Et César n'avait-il pas donné à nos légions, incorporées dans l'armée romaine, *l'alouette* pour attribut, comme un gracieux symbole de la vigilance, de la vivacité, de l'élan de nos troupes qui se signalent par cette fougue impétueuse que les Italiens appellent *la furie française.*

Quand on a subi des humiliations, on repasse sans cesse

en sa mémoire les motifs de rancune et de vengeance que l'on a contre le vainqueur ; car on a toujours à déplorer des actes de vandalisme pendant l'effervescence du combat. On ne le sait que trop, en temps de guerre on dépasse toujours les limites du droit des gens, et, dans tous les temps, on a vu que les chefs ne pouvaient retenir la fougue impétueuse de leurs soldats. Et ce fut malgré les ordres formels de Titus que le temple de Jérusalem fut livré aux flammes, par la main sacrilège d'un soldat, ivre sans doute. Et Persépolis ne devint-elle pas la proie des flammes parce qu'une courtisane, dans une orgie, suggéra cette funeste idée aux convives, plongés dans l'ivresse.

On peut dire des soldats surexcités, émancipés par de trop faciles victoires, ce que le duc de Guise disait en parlant des Parisiens révoltés contre Henri III et poussant des cris séditieux : *Ce sont taureaux échappés que je ne puis retenir.* Ce qui ne l'empêcha pas de rétablir l'ordre en se montrant à cette multitude, dont il était l'idole, portant à la main un rameau vert.

Les conquêtes séduisent le commun des mortels qui se laisse éblouir par cette fausse gloire, consistant à s'approprier par la violence les domaines qui touchent à nos possessions. N'est-ce pas par l'injustice, le meurtre, le brigandage, et en accumulant des ruines et des cadavres qu'on parvient à reculer les bornes de ses Etats et à conquérir des royaumes ? C'est pour plusieurs une tentation irrésistible qui fascine et fait trébucher les ambitieux sur le sentier de la justice et de l'honneur. Fondés sur l'iniquité, ils ne peuvent avoir de durée, ou s'il en conserve une contrée mal acquise, c'est une tache indélébile à l'écusson d'un souverain. La vigne de Naboth, loin de porter bonheur à Achab, fut la cause de sa mort tragique, et cette spoliation inique fit prononcer contre lui un jugement sévère et sans appel. *Dieu est patient, parce qu'il est éternel ;* mais son bras vengeur atteint après des siècles les rois injustes et ambitieux !

Entre un grand nombre d'exemples qu'on pourrait citer ici, on prend celui de l'empereur Maurice qui, pour avoir négligé de racheter des prisonniers, à un écu par tête, fut châtié sévèrement dès cette vie. Ne vit-il pas massacrer, devant lui, tous ses fils, par les ordres du cruel Phocas. Profondément religieux, il ne dit que ces paroles du Psalmiste : *Vous êtes juste, Seigneur, et vos jugements sont équitables,* et lui-même fut massacré le dernier.

Non, Sire, il ne faut pas que l'Europe, en 1871, voie se renouveler le pacte inique qui fut signé en 1772 par les fatales suggestions de l'esprit du mal, ravi de voir trois grandes puissances obéir à ses perfides conseils. Il souffle toujours à l'oreille des rois ces paroles qui les font trébucher sur le sentier de la justice : « *Je vous donnerai tous les royaumes de la terre, si en vous prosternant vous m'adorez.* »

Au grand scandale des hommes justes et religieux, observateurs des lois divines et humaines, la Pologne fut démembrée et rayée du nombre des Etats. La Russie, la Prusse, l'Autriche, trois complices de cette injustice révoltante, se partagèrent ses dépouilles. Grâce au Ciel, la France n'est pas réduite à un tel degré d'abaissement que l'infortunée Pologne et a des principes de vitalité que n'avait pas cette nation. D'ailleurs, à moins de frapper d'aveuglement tous les souverains de l'Europe, on ne pourrait voir se renouveler une semblable iniquité, sans protester au nom du droit des gens.

Violant les droits sacrés et inaliénables de la justice et de l'honneur, on oublia les services rendus par cette courageuse nation qui, à diverses époques, avait servi de rempart à l'Europe contre les invasions des Turcs. Plus d'une fois un général, tel que Jean Sobieski, avait, d'un bras fort et puissant, rejeté les Ottomans au-delà du Danube.

Les puissances de l'Europe assistèrent impassibles et muettes à cette scandaleuse spoliation, qui violait le droit des gens et les principes les plus sacrés. On fut insensible à ses supplications, à ses larmes, au spectacle navrant de ses souffrances et de ses humiliations.

Bientôt, écrasée par le poids de ses disgrâces, voyant qu'elle cherchait en vain quelqu'un qui prît part à sa peine et ne trouvant personne qui voulût la secourir, elle s'interdit les récriminations et les reproches. On l'entendit seulement prononcer, d'une voix languissante, en fixant sur ceux qui l'abandonnaient un long et mélancolique regard, ce que le gladiateur condamné disait aux Césars, en passant devant eux : « Celle qui va mourir vous salue. »

L'infortunée Pologne a, depuis, fait d'héroïques et inutiles efforts pour se soustraire à ses vainqueurs. Ses tentatives n'ont abouti qu'à river ses chaînes, et cette iniquité permanente est sur le front des souverains comme la tache sanglante et ineffaçable qui signalait le meurtrier d'Abel. Qu'avez-vous fait de votre sœur la Pologne? hélas!! Ce n'est pas vous, Sire, je le sais ; mais vous avez accepté cet héritage provenant de l'injustice.

Un de nos plus grands orateurs (Massillon) a bien caractérisé, en quelques lignes, combien la gloire des conquérants est usurpée, fausse et trompeuse. « Si le souverain, oubliant qu'il est le protecteur de la tranquillité publique, préfère sa propre gloire à l'amour et au salut de ses peuples ; s'il aime mieux conquérir des provinces que régner sur les cœurs ; s'il lui paraît plus glorieux d'être le destructeur de ses voisins que le père de son peuple ; si le deuil et la désolation de ses sujets son le seul chant de joie qui accompagne ses victoires, grand Dieu ! quel fléau pour la terre ! quel présent ferez-vous hommes dans votre colère en leur donnant un tel maître !

Sa gloire, Sire, sera toujours souillée de sang : quelque *insensé* chantera peut-être ses victoires ; mais les provinces, les villes, les campagnes en pleureront. On lui dressera des monuments superbes pour immortaliser ses conquêtes ; mais les cendres encore fumantes de tant de villes autrefois florissantes ; mais la désolation de tant de campagnes dépouillées de leur ancienne beauté ; mais les ruines de tant de murs sous lesquels les citoyens paisibles ont été ensevelis ; mais tant de calamités qui subsisteront après lui, seront des monuments lugubres qui immortaliseront sa folie et sa vanité. Il aura passé comme un torrent pour ravager la terre et non comme un fleuve majestueux pour y porter la joie et l'abondance. Son nom sera écrit dans les annales de la postérité parmi les conquérants, mais il ne le sera pas parmi les bons rois, et l'on ne rappellera l'histoire de son règne que pour rappeler le souvenir des maux qu'il a faits aux hommes. Ainsi son orgueil, dit l'esprit de Dieu, sera monté jusqu'au Ciel ; sa tête aura touché les nues ; ses succès auront égalé ses désirs, et tout cet amas de gloire ne sera plus à la fin qu'un monceau de boue qui ne laissera après elle que l'opprobre et l'infection. »

Ah ! Sire, combien est plus solide, plus inaltérable, la gloire et la renommée d'un roi pacifique et religieux qui prend toujours la justice et la religion pour arbitres souverains de ses traités et de ses décisions et prononce *loyalement* contre lui-même quand elles le condamnent (comme notre roi Louis IX).

N'écoutez pas les flatteurs et les courtisans, qni vous éblouissent par les noms sonores et pompeux de *conquérant*, de *roi victorieux*. Fermez soigneusement vos oreilles, comme autrefois Ulysse fit boucher avec de la cire celles de ses compagnons, afin qu'ils ne cédassent pas aux chants voluptueux des syrènes, conspirant leur perte ; fermez vos oreilles, Sire, aux perfides suggestions de l'esprit des ténèbres. Ecoutez plutôt la voix douce et mélodieuse de la charité, qui répète si souvent ces mots : *Oubli mutuel des injures, Concorde, Union, Fraternité*, qu'elle oppose aux paroles suivantes, prononcées d'une voix discordante : *Guerre à outrance*, haine implacable, discorde, désunion, etc., etc.

Laissez-vous guider par la miséricorde et la clémence, filles du Ciel et aimées de tous les hommes.

Songez, Sire, quelle gloire incontestable votre clémence

va faire rejaillir sur vous ! C'est toujours le dernier acte d'une pièce de théâtre qui détermine le jugement du spectateur, indécis, flottant jusque là entre le blâme et l'admiration. Or, tout est bien qui finit bien. Goûtez, goûtez, Sire, au nom du Ciel, combien ces fruits de miséricorde et de mansuétude sont exquis et d'une suavité incomparable ! C'est le nectar et l'ambroisie des dieux de l'Olympe, interdits au vulgaire et au plébéien, qui ne peuvent en savourer la douceur enchanteresse, ni en respirer les parfums enivrants !

Si la véritable et solide gloire est chère et précieuse à Votre Majesté, écoutez les conseils de la Justice et non les suggestions perfides d'une cruelle, tortueuse et *mesquine* politique.

On ne le sait que trop par les innombrables exemples que l'histoire, fidèle et inflexible écho des temps passés, nous rapporte, il est presque impossible aux fils d'Adam de ne pas faiblir, de ne pas broncher sur l'étroit sentier de la justice, et nous payons souvent d'énormes tributs aux imperfections humaines, nous ressentant toujours de la déchéance de notre premier père, trop docile aux suggestions de l'esprit des ténèbres.

C'est *l'origine* de tous nos maux, puisque c'est cette déviation de la volonté humaine, cette révolte déplorable contre le Créateur, qui attire sur les enfants d'Adam et d'Eve toutes les infirmités, tous les châtiments, toutes les catastrophes, et la mort, épouvantail de la nature entière !

Hélas ! Sire, les fils des exilés de l'Eden, pendant leur courte et fragile existence, n'ont-ils donc pas assez de toutes les infirmités qui les assiégent, depuis leur naissance, sans ajouter encore à tant de maux les calamités et les ravages de la guerre ?

Pourquoi aggraver encore par leur folie les misères inséparables de la condition humaine ? N'est-ce donc pas assez que de payer de continuels tributs à la souffrance, sous les formes les plus variées et les plus terribles ? Et l'innombrable et effrayante série de maladies et d'infirmités, qui tourmentent les mortels pendant leur rude et laborieux pèlerinage, ne suffit-il pas pour éprouver leur patience, leur courage et leur résignation ?

Ne suffit-il pas, en effet, pour exercer notre fermeté et déployer notre charité, les uns envers les autres, des épidémies, des inondations, des sécheresses, de la grêle, des hivers rigoureux, des tremblements de terre, des ouragans, des naufrages, enfin de tous les fléaux et cataclysmes qui désolent trop souvent notre planète, sans y ajouter encore la *guerre* dont le seul nom fait frémir et glace de terreur ?

Faut-il donc, contre toutes les règles de la justice, de la religion et de l'humanité, et pour des prétextes futiles et spécieux le plus souvent (témoin la guerre actuelle), faire couler des ruisseaux de sang et en abreuver la terre ? Faut-il donc détruire, ravager, stériliser, incendier, bouleverser, piller, rançonner, épouvanter les peuples chez lesquels les armées passent comme des torrents débordés, qui entraînent sur leur passage, arbres, cabanes et troupeau ?

Et, Sire, j'ai eu l'honneur de vous le dire plus haut, n'avons-nous donc pas assez de toutes les infirmités physiques et morales, inhérentes à notre pauvre nature humaine, sans nous déchirer encore de nos propres mains, avec une rage qui ne semble devoir être l'apanage que des animaux, dépourvus d'intelligence et privés de cette âme immortelle que Dieu a créée si grande, si noble, si élevée ! Ne se manifeste-t-elle pas, en effet, par les plus sublimes conceptions ? Ne sonde-t-elle pas les plus profonds mystères de la nature, mesurant l'immensité, étudiant le cours des astres ? Et ne fait-elle pas plus encore ? Ne s'élève-t-elle pas d'un vol hardi, impétueux, jusqu'au pied du trône de la Divinité même où elle aspire à retourner, comme l'exilé soupire après sa patrie ?

C'est ce désir inné, impérieux, maladif, d'immortalité, cette soif inextinguible qui ne peut être satisfaite sur la terre qui fait que l'on ne peut être heureux ici-bas, et c'est ce qui arrachait à Sophocle, un des plus grands poètes tragiques de l'antiquité, ce cri mélancolique et sublime : « *Le plus grand bonheur de l'homme sur la terre, c'est d'être né mortel.*

En effet, une tristesse secrète et incurable est toujours au fonds de nos joies les plus intimes et vient nous avertir que nous sommes des étrangers sur la terre et nés pour l'immortalité, et qu'une destinée, moins éphémère que la vie fragile et fugitive de la terre, nous attend au-delà du tombeau.

Sire, j'ai une trop profonde estime et un trop grand respect pour le roi de Prusse et pour le prince, son fils, pour croire qu'ils se bornent à ce royaume passager, éphémère, que des révolutions, plus ou moins rapprochées, des bouleverments politiques, peuvent détruire et renverser. (Dans l'histoire, combien de royaumes, d'empires, de villes célèbres, ont disparu, sans laisser la moindre trace !)

Non, Sire, j'en ai l'intime conviction, et Votre Majesté, et ce fils qui lui est si cher à tant de titres, vous avez l'âme trop noble, trop haute, trop magnanime, trop ambitieuse, pour vous contenter de ce royaume, de cet empire, insuffisants pour combler vos vastes désirs ; vous aspirez plus haut avec raison, et le royaume *éternel, immuable,* auquel vous prétendez l'un et l'autre, peut seul combler vos vœux et vos espérances. On étouffe ici-bas et l'on sent à chaque instant qu'on n'est que dans un lieu d'exil et d'épreuves, où l'on enfante laborieusement son immortalité future. N'entendons-nous pas à chaque instant une voix mystérieuse qui nous crie : *Sursum corda.* Elevez vos cœurs et vos pensées jusqu'à la patrie véritable ; car cette terre n'est que le vestibule du Ciel. Vous avez l'avantage l'un et l'autre de connaître la *Vérité,* puisque vous suivez la loi *Evangélique.*

C'est souvent au moyen des épreuves et des humiliations que nous montons les âpres sommets, d'où l'on découvre la Vérité qui nous paraît mille fois plus ravissante, plus enchanteresse, que la trop séduisante Hélène aux vieillards Troyens, qui se disaient les uns aux autres qu'il n'était pas étonnant que, pour la possession d'une telle femme, on eût allumé la guerre entre la Grèce et l'Asie.

Oui, la Vérité captive et éblouit ceux qui ont le bonheur de la contempler. Pour elle, pour la posséder, il n'est pas de sacrifice qu'on ne fasse, pas de victoire qu'on ne remporte sur soi-même et sur ses penchants vicieux. *Servir Dieu, c'est régner.* Et qu'est-ce que servir Dieu, si ce n'est pratiquer la miséricorde et la clémence ? Mais je dis à Votre Majesté et à son bien-aimé fils des choses qu'ils savent mieux que moi cent fois, et j'ai la certitude que ce traité de paix n'est qu'une épreuve, un faux épouvantail, afin de nous mieux faire savourer les délices d'une vraie paix, basée sur la justice.

Sire, au nom de toutes les dames françaises, daignez rétracter des conditions trop dures et inacceptables, si déjà tout est conclu.

Nous lisons dans l'histoire que les dames romaines obtinrent d'un guerrier justement irrité qu'il lèverait le siége de Rome. En invoquant le souvenir de celle qui partage votre trône et possède vos plus chères affections, Sire, ne pourriez-vous pas aussi exaucer les prières des dames de Paris et de toutes les dames de France, en général si renommées dans le monde entier pour leur grâce, leur amabilité et leur esprit? A Rome, les Vestales, gardiennes du feu sacré, implorèrent plus d'une fois la clémence d'un vainqueur.

Si Votre Majesté daignait imiter cet illustre patricien, elle mériterait les éloges et les bénédictions de la postérité.

Ah! Sire, si nous pouvions voir se renouveler en France l'acte de condescendance conjugale d'un roi anglais, qui, à la prière de Philippine de Hainaut (dont le nom est béni de tous les Français), fut miséricordieux envers les habitants de Calais! Jalouse de la gloire de son époux, elle ne voulut pas le laisser abuser de sa victoire. Je sais qu'il ne s'agit pas ici d'un cas pareil; mais la clémence s'exerce de mille façons diverses, suivant les époques et les circonstances, et toujours on savoure avec délices les fruits de la miséricorde, d'autant plus qu'ils croissent et se développent sur le terrain béni de la religion.

Ah ! Sire, soyez miséricordieux ; songez, songez, de grâce, au désespoir des mères des deux nations ; songez, au nom du Ciel, à épargner, à l'avenir, aux Rachel de la Prusse et de la France ces cris et ces gémissements qui montent jusqu'aux Cieux. Nous avons entendu, Sire, ces cris déchirants qui pénétraient jusqu'au fond des cœurs ! Nous avons vu mourir de désespoir des mères qui ne pouvaieut se résigner à ignorer, pendant le siége de Paris, la destinée de leurs fils !

Combien d'épouses au désespoir, voyant partir un époux chéri, n'auraient-elles pas dit, comme Pauline dans Polyeucte, quand on le conduit au martyre :

Je le suivrai partout et mourrai si tu meurs.

Combien de mères qui, comme cette mère citée dans l'Enéide, auraient voulu suivre leurs fils bien-aimés sur les champs de bataille, recevoir leurs derniers soupirs, couvrir de baisers leurs plaies saignantes et les emporter dans leurs bras, afin de leur rendre au moins les honneurs de la sépulture !

Combien auraient voulu, comme Respha, la veuve de Saül, veillant le jour et la nuit près de ses deux fils Armoni et Miphiboseth, crucifiés sur la montagne, afin d'empêcher les bêtes féroces pendant la nuit et les corbeaux pendant le jour de déchirer les corps mutilés de ses fils chéris, dont cependant la vue lui déchirait le cœur !

Combien de mères françaises et prussiennes auraient souhaité s'élancer, au milieu des canons et des obus, sur les champs de carnage, afin de prodiguer des soins à leurs fils bien-aimés !

Mais, hélas ! cette triste et suprême consolation était refusée aux pauvres mères ; elles ne pouvaient pleurer, comme Respha, sur le cadavre ensanglanté de leurs enfants, et, chose désespérante ! elles ignoraient même jusqu'à la place où se décomposaient les corps chéris, tant de fois pressés sur leur sein, tant de fois entourés de leurs bras maternels.

Connaissant l'empire souverain qu'exerce la loi religieuse sur les cœurs soumis à ses règles sévères, on peut toujours livrer son cœur à l'espoir de ne pas entendre énoncer des conditions trop dures et inacceptables. La religion, qui est le lien sacré renouant la terre avec le ciel, rectifle les désirs injustes, fait renoncer aux prétentions ambitieuses, et, nous montrant de loin les horizons lumineux de la Terre promise, nous apprend à triompher de la cupidité, de l'ambition et de l'avarice : « Elevez, élevez toujours vos cœurs et vos mains vers le Ciel, nous dit-elle d'une voix séraphique ; élevez vos pensées, vos désirs, vos vœux, vos espérances, vos sentiments, vos regards vers la vraie patrie, et ne profanez pas, par l'injustice et la cupidité, un cœur dont la Foi, l'Espérance et l'Amour sont le sanctuaire. Songez que vous n'êtes que voyageurs ici-bas, et, comme tels, soyez toujours attentifs à ne pas vous souiller par la fange de la terre. »

Vous lisez souvent, Sire, les pages sublimes de cet Evangile, qui est la règle des chrétiens, et vous avez présentes à la mémoire ces paroles du sermon sur la montagne : « Bienheureux les miséricordieux, parce qu'ils obtiendront miséricorde, » qui résonneront, comme une harmonie divine, aux oreilles de ceux qui ont pratiqué la clémence et la magnanimité. Puissiez-vous, Sire, les entendre un jour et tressaillir de joie, en vous rappelant votre traité de cette année !

Ne trouvons-nous pas, dans l'histoire profane même, de nobles exemples et des enseignements utiles ? Les païens eux-mêmes pratiquaient la miséricorde et la clémence.

Qui n'a pas admiré cent fois, en lisant l'histoire de la guerre de Sicile, ce vieillard sublime de Syracuse, qui, ayant perdu ses deux fils dans la guerre contre les Grecs, vint, appuyé sur le bras de deux de ses serviteurs, intercéder pour les Athéniens vaincus et supplier les Siciliens de leur accorder des conditions honorables ? Et pourtant ce vertueux vieillard, dont on ne prononce le nom qu'avec respect, avait à pleurer la mort tragique de ses deux fils et était condamné à un triste isolement. Mais il agissait d'après les inspirations de sa conscience. Il n'était pas guidé par cette radieuse et céleste lumière *qui éclaire tout homme venant en ce monde.* Il n'avait pas entendu ces belles et consolantes paroles : « *La seule marque à laquelle je reconnaîtrai si vous êtes mes disciples, c'est si vous vous aimez les uns les autres.* »

Ce sont les principes de la charité chrétienne qui inspiraient à Théodose ces admirables paroles : « Loin de faire mourir les vivants, je voudrais pouvoir ressusciter les morts ! »

Combien doivent redouter les jugements de Dieu les rois injustes et implacables ! Ceux qui ferment les oreilles aux conseils de la justice et de la miséricorde, doivent frémir et trembler en lisant ce qui suit : « Bienheureux ceux qui ont faim et soif de la justice, parce qu'ils seront *rassasiés.* »

Cette justice sévère, implacable, *impartiale*, se fait toujours à la fin, soit dans cette vie, soit dans l'autre, et il faut payer au centuple les dettes qu'on a contractées envers cette justice éternelle indignement violée. Dieu étant souverainement juste, nul mortel ne peut se soustraire à la puissance du Juge suprême.

Vous êtes trop profondément imbu de la doctrine des livres saints pour ne pas reconnaître dans toute la suite de cette guerre le *doigt de Dieu*.

C'est Dieu lui-même qui, dans ses desseins impénétrables et souvent dans des vues de miséricorde, déploie ses rigueurs sur telle ou telle nation, dont la fortune déserte pour un temps les drapeaux et fait passer la victoire dans tel ou tel camp ; car *l'homme s'agite et Dieu le mène*.

Loin de vous attribuer la victoire, vous feriez volontiers, sans doute, graver sur votre bannière la devise humble et religieuse des chevaliers du Temple : *Non nobis, Domine, non nobis, sed nomini tuo da gloriam.*

Comme Joseph, parvenu au faîte de la puissance et gouvernant l'Egypte de manière qu'il ne s'y remuait pas un pied sans sa permission, un roi vainqueur peut dire avec ce sage ministre : C'est par les conseils de Dieu lui-même que tout ce qui précède est arrivé, afin que je vous nourrisse dans votre disette.

Et songez, Sire, combien il est glorieux pour un roi de mériter l'amour de ses sujets par un gouvernement juste, pacifique, paternel.

Il faudrait, pour le bonheur réciproque des rois et de leurs administrés, que les rois méritassent qu'on les condamnât à la même amende qu'Agésilas, condamné, par un tribunal trop sévère, à une amende pour s'être attaché les cœurs des citoyens qui appartiennent à la république.

Voilà la solide et vraie gloire, que la religion et la justice sanctionnent et bénissent. Qu'est-ce donc qu'une gloire stérile et factice, due à des conquêtes que réprouvent trop souvent la justice et le droit? Qu'est-ce que cette fausse gloire qui ne s'acquiert qu'au prix de milliers de victimes immolées à l'égoïsme et à l'ambition d'un seul?

Comme autrefois à ces dieux cruels et sanguinaires, Teutatès, Moloch et autres, auxquels un fanatisme odieux sacrifiait des hécatombes d'innocentes victimes, des cadavres ensanglantés, mutilés, informes quelquefois, des flots de sang, tel est le piédestal effrayant de ces conquérants qu'on nous propose comme des héros et qui ne sont que des *bourreaux*.

Aujourd'hui surtout que des machines formidables fonctionnent avec une précision mathématique, les batailles ne sont plus des *combats*, ce sont des *exécutions*. En effet, la valeur personnelle n'y est presque plus pour rien, et les Bayard, les Duguesclin, les Clisson, verraient rayer de leur histoire tous ces beaux traits de valeur qu'on admire dans le récit de leurs exploits.

Nous n'admirerions pas les hauts faits de Léonidas et de ses héroïques compagnons aux Thermopyles, si Xercès eût été muni de canons Krupp et de mitrailleuses. Les généraux Persans auraient balayé cette poignée de braves, comme des roseaux en faisant manœuvrer avec art les engins sataniques, ignorés des Grecs et des Romains.

Horatius Coclès, qui seul défendit un pont contre d'innombrables ennemis, n'eût pu déployer sa rare et héroïque bravoure qui lui faisait tenir en échec une armée entière.

L'histoire ancienne et l'histoire du moyen-âge sont remplies de ces exploits merveilleux, fournissant une ample matière aux romans de chevalerie qui captivaient madame de Sévigné disant naïvement : « *J'aime beaucoup ces grands coups d'épée.* »

De nos jours, ces *grands coups d'épée* ne jouent plus qu'un rôle secondaire, et ce qui vaut le triomphe, ce sont ces tubes foudroyants qui portent la terreur et la mort à des distances incalculables, multipliant ainsi les périls et les dangers et vous atteignant quelquefois jusque dans ces lieux obscurs et souterrains où vous espériez trouver un refuge inaccessible aux projectiles ennemis, lancés par une main meurtrière, qui vous arrivent à plusieurs kilomètres de distance.

Les poètes épiques qui ont immortalisé les combats de tant de héros antiques, n'auraient pu chanter sur leur lyre harmonieuse et sublime les hauts faits et les luttes de géant des armées, si ces terribles instruments de mort avaient existé. Et le siége des villes n'eût pu se prolonger des années entières, comme autrefois, puisque les bombes et les obus viennent incendier, effondrer, faire crouler en un mot les édifices, en mutilant les habitants inoffensifs qui ne peuvent se soustraire à ces foudroyants projectiles.

Les poètes, Homère, Virgile, le Tasse et autres, qui ont décrit avec tant d'art les combats corps à corps de leurs héros, verraient retrancher les plus beaux passages de leurs plus beaux poèmes, si l'artillerie et ses terribles accessoires avaient été connus dans ces siècles reculés, et leur lyre harmonieuse deviendrait muette et immobile.

On se demande quelquefois avec anxiété ce que répondront les rois et les conquérants qui gouvernent les nations et les entraînent dans des guerres d'extermination. (Je parle, en général, des Alexandre, des César, des Gengis-Khan, des Charles-Quint, des Philippe II, des Napoléon, et spécialement de l'insolent Charles XII, disant qu'il enverrait sa *botte* pour gouverner ses peuples qui se plaignaient de son absence, pendant qu'il guerroyait, à tort et à travers, comme un insensé. Il déchirait en vain la page de Boileau qui condamne les conquérants. Un Tacite incorruptible recueille dans les annales de l'histoire ces exploits *glorieux*). Quel terrible et fulminant réquisitoire sera prononcé contre ces souverains orgueilleux et impitoyables !

Que pourront-ils répondre à un juge sévère et justement irrité, quand, fixant sur eux des regards foudroyants, il leur demandera d'une voix menaçante et terrible : « Qu'avez-vous fait pour le bonheur et la prospérité de ces peuples dont je vous avais confié la direction et le gouvernement ? Vous avez abusé de la souveraine puissance pour les tyranniser, les écraser sous le poids des impôts et des réquisitions arbitraires ! Vous les avez forcés de marcher, tels que des automates, dociles et inertes, sur les champs de bataille, les conduisant comme des troupeaux à la boucherie pour satisfaire votre ambition, vos passions mesquines, haineuses, et reculer les bornes de vos Etats ! Vous avez été prodigue de leur sang, que vous deviez ménager, comme un bon père celui de ses enfants. Est-ce donc pour ravager, détruire, porter partout autour de vous la désolation, la ruine et le carnage que je vous avais confié le souverain pouvoir ? Malheureux ! qui n'avez pas compris que votre mission était une mission pacifique, protectrice, paternelle en un mot !

Le sang de toutes ces victimes de votre révoltant et impitoyable égoïsme crie contre vous et exige de terribles expiations, de sévères châtiments !

Comment l'orgueil et l'enivrement du souverain pouvoir ont-ils pu obscurcir ainsi les lumières naturelles de la conscience, et effacer les notions les plus élémentaires de la justice et de la religion !

En vertu de quel droit disposiez-vous de l'existence de tant de millions d'hommes que vous deviez protéger et défendre ? J'ai entendu les clameurs et les gémissements des mères et des épouses désespérées de voir les objets de leurs plus chères affections joncher, mutilés et sanglants, les champs de bataille, où vous les conduisiez, armés d'une verge de fer ! Vous avez méconnu, trahi tous vos devoirs. C'est à vous de trembler aujourd'hui ; vous allez expier par de longs supplices votre révoltante cruauté, votre monstrueux égoïsme et votre sanguinaire folie !

Comment avez-vous pu croire que les peuples étaient sur la terre pour être les serviles instruments de vos caprices, et le jouet et les esclaves d'un despote ? Mais c'est faire outrage à la dignité humaine et à des créatures que Dieu a dotées de l'inestimable don de l'immortalité, et de sublimes et nobles facultés intellectuelles !

Il y a des devoirs réciproques, je le sais, et les peuples doivent aux Rois l'obéissance tant que ceux-ci prennent les lois pour *règles* et pour *guides*. Mais s'ils violent la *Loi* qui doit *commander* à tous, *grands* et *petits,* ils ne sont plus que des *parjures*, puisqu'ils ont *juré* de lui obéir.

J'ai toujours admiré la formule fière, énergique, dans sa concision, du serment que, dans les temps passés, les seigneurs d'Aragon et de Castille prononçaient le jour de l'avènement de leurs rois : « *Nous qui sommes vos égaux et qui valons autant que vous, nous vous jurons fidélité pendant que vous obéirez aux Lois :* SINON, NON.

Dans la situation critique où se trouve ma patrie menacée, je ne puis méditer, élaborer cette lettre que j'écris en courant, quand il faudrait réfléchir à chaque ligne. Sisyphe, qui voyait le rocher suspendu sur sa tête, n'était pas dans une position propice pour élaborer ses idées. La crainte et l'appréhension de voir une patrie qu'on aime d'un amour ardent et profond, subir de durs traitements, paralysent vos doigts et effarouchent vos pensées. Les événements qui se précipitent avec une vitesse vertigineuse, ne permettent pas de limer, de polir ces pages, dictées par le cœur et non par un vain désir de briller.

Quand l'orateur grec (avec lequel on n'a d'autre trait de ressemblance que l'amour de la patrie) écrivait les *Philippiques*, il s'enfermait des mois entiers dans un souterrain et composait dans la solitude et le silence, à la lueur d'une lampe, ces fameuses harangues qui électrisaient les Athéniens, en leur inspirant une juste horreur du joug de Philippe et le vif désir de maintenir l'indépendance de la Grèce.

Ses ennemis lui reprochaient qu'elles *sentaient la lampe ;* mais combien ce qu'on écrit ici est loin de mériter le même reproche ! C'est au courant de la plume qu'on a tracé ces lignes qui n'ont d'autre mérite que d'exprimer les sentiments de patriotisme qui remplissent le cœur de tout bon Français ; on n'est que l'interprète de la nation.

Et si vous daignez, Sire, vous rendre aux prières de la France, que ce Dieu de bonté qui distribue à son gré les jours et les années aux souverains comme aux plus humbles de leurs sujets ; que ce Dieu de miséricorde, pour récompenser votre clémence, votre magnanimité, votre grandeur d'âme, vous accorde de longs jours, afin que vous soyez témoin de l'heureuse et paisible époque qui succède à cette orageuse et sanglante période de guerre et de désolation. Et puissent les bénédictions de vos peuples parvenir jusqu'à vous et vos descendants et vous consoler des afflictions et des amertumes qui sont l'inévitable héritage des fils d'Adam, quel que soit d'ailleurs le rang qu'ils occupent ici-bas.

Comme j'ai eu l'honneur de le dire à votre Ministre, Sire, la Providence vous offre une belle et magnifique occasion d'exercer la générosité, la grandeur d'âme qui doivent caractériser les rois. Ne la laissez pas échapper. Montrez-vous clément, généreux comme le Dieu dont vous êtes le représentant sur la terre. Soyez le pasteur des peuples et comme le digne mandataire d'un Dieu de paix et de miséricorde, et les historiens ajouteront à votre histoire la plus admirable page dans les annales de votre règne. Songez donc, Sire, combien il est beau, combien il est grand, combien il est méritoire de manifester de la grandeur d'âme et de participer à la puissance, aux attributs de Dieu lui-même. N'est-ce pas une *royale* prérogative, en effet, que d'accorder, par un seul acte de sa volonté, et d'un seul trait de plume, la paix à deux grands peuples et peut-être à l'Europe qui ressentirait le contre-coup de cette guerre acharnée.

Et si l'on disait : « Mais la Prusse a besoin de garanties ; car la France a des projets d'agrandissement qu'elle dissimule. Elle tentera quelque jour de reculer ses frontières. » Non, Sire, on peut l'affirmer, nous ne sommes plus au temps où un ambitieux général épouvantait l'Europe, en montrant sa sanglante épée. Les temps sont changés ; et M. Guizot a bien caractérisé, en quelques lignes, la situation actuelle de la France.

Que d'ailleurs la France s'engage par de solennels et irrévocables serments à respecter les traités de Paix et à ne jamais faire de tentatives pour sortir des frontières que le temps, les mers, les montagnes, les fleuves ont tracées. Et que le Dieu, vengeur des parjures, punisse les infracteurs de ce pacte solennel, contracté *au nom du Dieu tout-puissant.*

Ah ! Sire, ah ! Prince, nous vous en conjurons, en terminant cette épître, au nom de la Religion, dont la puissance est grande sur vos âmes, ne forcez pas d'innombrables familles de Français à s'expatrier, à fuir jusqu'aux extrémités de l'Europe, et peut-être jusqu'aux confins du monde connu, dans les îles lointaines de l'Océanie, couvant dans leur sein oppressé des projets de vengeance et de réhabilitation ! Offrant à l'univers le triste et lamentable spectacle de fugitifs désolés de l'asservissement de leur patrie. Ne les forcez pas à transporter leur famille, les débris de leur fortune, sur des rivages lointains où leurs regards, baignés de pleurs, chercheront à découvrir, à travers la vaste étendue des mers, les horizons regrettés de la patrie, et n'offrez pas aux étrangers le triste spectacle de ces femmes exilées *qui regardent en pleurant l'immensité des flots*, et de ces captifs de Babylone, suspendant aux saules des prairies qui bordent l'Euphraté leurs harpes muettes et immobiles, et qui, se souvenant de Sion (de la France), ne pouvaient retenir leurs larmes !... Ne contristez pas les Français, Sire, et ne les faites pas quitter leur cher pays ; ne les obligez pas à montrer à l'étranger des visages assombris et pensifs sur lesquels se reflètent les malheurs de la patrie. Comme autrefois Néhémie, auquel le roi Artexercès demandait : « Pourquoi donc avez-vous le visage si triste, quoique vous ne soyez pas malade ? — Pourrais-je, seigneur, avoir l'air joyeux et satisfait, quand les murs de Jérusalem tombent en ruines et que ma chère patrie languit dans la servitude. » Les Français, accablés sous le poids de leurs tristesses, seraient comme Néhémie, rêveurs et silencieux.

Séparés de leur belle et chère patrie, ils soupireraient toujours après l'heure du retour. Votre Majesté, familière avec les livres sacrés, se rappellera sans doute que quand les enfants d'Israël furent emmenés captifs à Babylone, ils enfouirent dans la terre le feu sacré qui brûlait sur l'autel, dans le temple de Jérusalem, et que, quand ils revinrent dans leur patrie, ce feu sacré, symbole frappant de leur indestructible amour pour Dieu et leur patrie, se ralluma de lui-même, dès qu'on eut creusé la terre, qui le dérobait aux regards.

Il en serait de même en France : jamais, jamais, Sire, croyez-le bien, le patriotisme ne peut s'éteindre dans les nobles âmes. *Toujours vivant (semper vivens)*, il brûle sans se consumer, comme le *Buisson ardent* que Moïse vit dans le désert où il gardait son troupeau.

Et, croyez-le bien, Sire, si vous daignez nous accorder des conditions justes, raisonnables, nous ne serions ingrats, ni envers Dieu, ni envers vous, comme ces neuf lépreux de l'Evangile, qui, étant radicalement guéris de leurs infirmités, ne vinrent pas remercier leur bienfaiteur et oublièrent de rendre gloire à Dieu. *Tous les dix n'ont-ils pas été guéris ? Où sont donc les neuf autres ?*

Si vous nous accordiez une paix honorable, d'un bout de la France à l'autre, s'élèveraient des chants de joie et de reconnaissance, et l'on entendrait retentir au loin, comme par des voix aériennes et mélodieuses : « *Gloire à Dieu au plus haut des Cieux, et paix sur la terre aux hommes de bonne volonté*, et le reste de ce cantique de reconnaissance et d'amour.

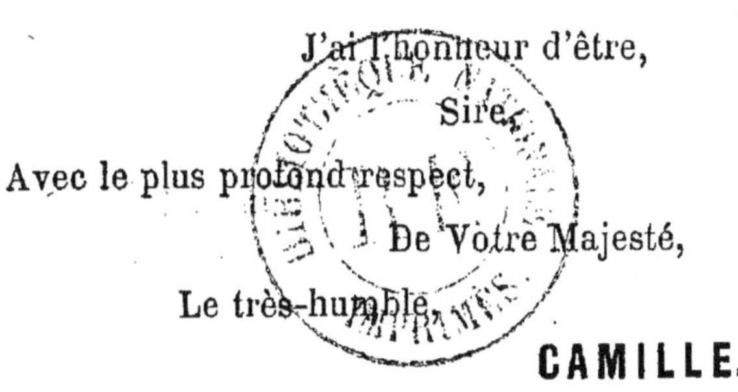

J'ai l'honneur d'être,

Sire,

Avec le plus profond respect,

De Votre Majesté,

Le très-humble,

CAMILLE.

AVRANCHES

IMPRIMERIE TYPOG. ET LITHOG. DE Mme HENRI TRIBOUILLARD,

Rue des Fossés, 4 et 6.